특별한 능력을 지닌 동물들을 소개합니다

동물들의
슈퍼 파워

솔레다드 로메로 마리뇨 글 | 소니아 풀리도 그림 | 조은영 옮김

토끼섬

생존의 달인

지난 40억 년간 지구에서는 단순한 세균에서 복잡한 동물까지 아주 많은 생물이 탄생했어요. 그 긴 시간 동안 어떤 동물은 놀라운 능력이 발달했고, 결국 생존의 달인이 되었지요.

이 생존의 달인들에게는 인간을 뛰어넘는 초능력이 있어요. 소리를 잘 듣거나 냄새를 잘 맡는 것은 물론이고 인간이 감지하지 못하는 전파, 전기 펄스, 자기장을 감지할 수 있지요. 포식자를 속이거나 먹잇감을 잡기 위해 강력한 화학 물질을 내뿜는 생물도 있고, 심지어 중력과 물리 법칙까지 어긴답니다.

이제 그런 놀라운 동물의 특징을 살펴보고, 남다른 능력을 가진 동물들을 소개할게요. 소똥풍뎅이는 자기 몸무게의 1,000배도 넘는 물체를 운반하고, 북극곰은 앞발을 한 번 크게 휘둘러서 사냥감을 죽일 수 있어요. 말레이시아의 폭탄개미는 위협을 받으면 독성이 강한 액체를 뿜어내서 무리를 보호하고요.

과학자들은 동물들이 이 믿기 어려운 일을 어떻게 해내는지 매일 연구하고 있습니다. 동물이 살아가는 놀라운 방식을 공부하다 보면 자연의 법칙을 더 잘 이해할 수 있어요. 하지만 가장 중요한 것은 이 멋지고 독특한 동물들이 우리에게 지구를 보살피고 다른 생물과 어울려 지내는 법을 알려 준다는 점이랍니다.

차례

12
스페인아이벡스
용감한 암벽 등반가

THE COURAGEOUS
CLIFF CLIMBER

14
아프리카코끼리
사바나의 거인

THE GIANT
OF THE SAVANNAH

24
참돌고래
물속의 곡예사

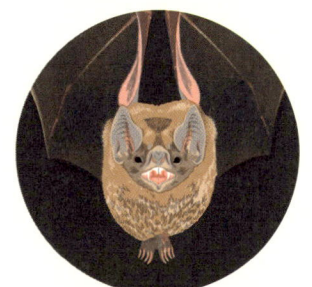

THE AQUATIC ACROBAT

26
흡혈박쥐
피를 먹고 사는 뱀파이어

THE BLOOD GUZZLER

28
매
하늘의 달리기 선수

THE SKY RACER

30
풀뱀
자연계의 강력한
연기 대상 후보

THE GREATEST ACTOR

40
황소머리소똥풍뎅이
놀라운 역도 선수

THE AMAZING WEIGHT LIFTER

42
북극곰
극지의 힘쎈돌이

THE ARCTIC POWERHOUSE

44
검은과부거미
작고 조용한 공포

THE SMALL AND SILENT TERROR

46
치타
적수가 없는 속도위반자

THE SUPER SPEEDER

슈퍼 파워

동물의 왕국에는 특별한 생존 기술이 발달한 종들이 있어요.
어떤 동물은 힘이 아주 세거나 몸이 유난히 빨라요. 다리나 꼬리가 잘려 나갔을 때 다시 자라는 동물도 있지요.
치명적인 독으로 먹잇감을 사냥하거나 흉내를 잘 내는 동물은 또 어떻고요.
최강의 슈퍼 히어로에 버금가는 뛰어난 능력의 소유자들을 기대하세요.

슈퍼 파워

남다른 힘을 자랑하는 이 동물들은 몸집이 크고 근육질이거나 겉이 아주 튼튼한 외골격*으로 둘러싸여 있어요.

*외골격: 무척추동물의 겉면을 둘러싸는 딱딱한 껍데기를 말해요.

슈퍼 촉각

피부나 더듬이, 모낭에 있는 아주 특수한 수용기와 감지기로 미세한 진동, 기압과 온도, 풍속 등 작은 변화도 감지해요.

슈퍼 시력

어떤 동물은 아주 깜깜한 곳에 있는 물체도, 아주 멀리 있는 물체도 볼 수 있어요. 인간이 보지 못하는 색깔을 보고, 두 눈이 서로 다른 방향으로 움직이기도 하지요.

슈퍼 화학 물질

많은 동물이 화학 물질로 자기를 지키거나 천적을 공격해요. 화학 물질을 분비해서 짝을 찾는 동물도 있어요. 어떤 동물은 독이나 마비 물질을 사용하고, 또 어떤 동물은 지독한 냄새나 먹물을 내뿜어요.

슈퍼 발과 다리

소리를 내거나 흔적을 남기지 않고 은밀하게 움직이는 동물이 있어요. 특별하게 설계된 발과 다리로 물건을 붙잡고, 가파른 절벽을 오르고, 천장에 매달리고, 엄청나게 빨리 달리기도 하지요.

슈퍼 후각

더듬이나 혀, 코에 있는 강력한 후각 수용기로 주변 환경, 먹이가 숨어 있는 곳, 짝짓기 상대의 위치를 알 수 있어요.

슈퍼 청력

이 초능력의 소유자들은 아주 멀리서 나는 소리를 듣거나 인간의 귀로는 듣지 못하는 초음파를 감지해요.

슈퍼 흉내 내기

자연의 특출난 흉내쟁이들은 몸의 모양과 색깔을 바꾸거나 다른 동물의 소리와 냄새를 똑같이 따라 할 수 있어요. 뛰어난 위장술로 몸을 숨기거나 포식자를 흉내 내어 상대를 위협하기도 해요. 심지어 죽은 척하는 동물도 있어요.

슈퍼 턱과 이빨
날카로운 이빨이 장착된 크고 튼튼한 턱은 지구에서 가장 사나운 포식자들이 자랑하는 무기예요.

슈퍼 음성
어떤 동물은 복잡한 소리를 낼 수 있어요. 특별한 소리로 위험을 경고하거나 감정을 표현해요. 심지어 재미로 그럴 때도 있답니다.

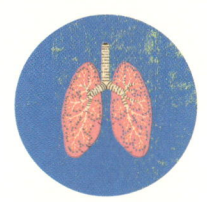
슈퍼 허파
특별한 폐활량으로 물속에서 오랫동안 숨을 참는 동물이 있어요. 덕분에 물 밖을 나오지 않고 오래 사냥할 수 있지요.

슈퍼 스피드
이 능력이 있는 동물은 비범한 반사 신경과 민첩성을 갖추었고, 몸의 모양도 빠른 속력을 내기에 완벽해요.

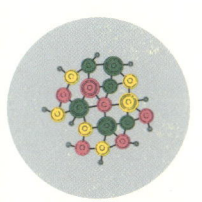
슈퍼 협동심
어떤 종은 커다란 공동체를 이루고 협동하며 살아요. 특히 곤충 중에는 수백만 마리가 모여 살면서 마치 하나의 생물처럼 행동하는 종이 많아요. 무리의 구성원이 함께 공유하는 지능과 능력은 아주 강력하답니다.

슈퍼 음파 탐지
반향정위는 동물이 방향을 알고 장애물을 피하고 먹이를 찾게 하는 일종의 슈퍼 청각이에요. 동물이 보낸 음파가 물체에 부딪혀서 튕겨 나온 메아리를 듣고 물체의 크기와 거리를 알 수 있어요.

슈퍼 신진대사
어떤 동물은 소화의 속도를 늦추는 대단한 능력이 있어요. 먹이가 부족한 환경에서도 오래 버티고, 추운 환경에서는 음식을 소화하는 데 필요한 에너지를 아낄 수 있지요.

슈퍼 재생력
동물이 싸움 중에 다리나 꼬리 같은 몸의 일부를 잃을 때가 있어요. 하지만 어떤 동물은 잘린 부위가 다시 자라는 놀라운 재생 능력이 있어요.

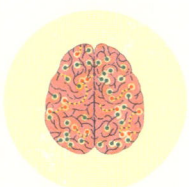
슈퍼 지능
많은 동물이 인간보다 똑똑할 때가 있어요. 특히 기억력이나 적응력이 뛰어나지요. 어떤 동물은 문제 해결 능력을 타고났어요. 기발한 전략으로 사냥하고 방어하는 동물도 있어요. 심지어 도구를 사용하기도 한답니다.

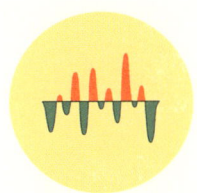
슈퍼 감각 기관
어떤 생물은 세상에서 인간이 알아채지 못하는 많은 것들을 보고 듣고 느껴요. 여기에는 특별한 색깔이나 소리, 냄새가 포함되지요. 그건 인간에게 없는 특별한 감각 기관 덕분이에요. 어떤 감각 기관은 온도의 미묘한 변화, 자기장, 자외선, 공기 중의 화학 물질을 감지해요.

슈퍼 보살핌
동물의 세계에서 많은 종이 몇 달씩 공들여 둥지를 짓고, 알을 품고, 새끼를 낳아 몇 년씩 돌봐요. 심지어 부모를 잃은 어린 새끼를 대신 키우는 동물도 있어요. 이런 슈퍼 엄마 아빠 덕분에 수백만 년 동안 종이 이어졌지요.

이 책에서 각 동물은 자기가 가진 슈퍼 파워의 개수에 따라 별점을 받아요.

스페인 아이벡스

용감한 암벽 등반가

날쌔고 대담한 이 야생 염소는 가파른 암벽을 가볍게 오르고 절벽 사이를 능숙하게 뛰어다니며 물리 법칙을 어기고 상식을 뛰어넘어요.

초능력 단계:
★ ★
★ ★

학명:
카프라 피레나이카
Capra pyrenaica

강: 포유강
목: 소목
과: 솟과

> 스페인아이벡스는 고도 3,000미터의 고산 지대에서도 절벽을 겁 없이 올라가요.

슈퍼 음성 ★
동료에게 위험을 알리는 휘파람 소리를 내요. 다양한 콧소리와 울음소리로 두려움이나 행복 같은 감정을 표현해요.

슈퍼 후각 ★★
후각이 아주 발달해서 포식자가 어디에 있는지 금세 알아차리고 조심해요. 수컷은 오줌 냄새만 맡고도 암컷이 짝짓기할 준비가 되었는지 알 수 있어요.

슈퍼 촉각 ★★★
민감한 입술로 기온 변화를 감지하고, 먹이를 먹을 때 다칠 위험이 있는 부위를 피해요.

슈퍼 발과 다리 ★★★★
빨판처럼 생긴 발굽과 튼튼한 다리 덕분에 수직에 가까운 절벽과 미끄러운 바위도 문제없이 올라갈 수 있어요. 절벽 사이로 3미터 정도는 가뿐하게 건너지요.

초식 동물인 스페인아이벡스는 마른풀과 나무를 뜯어먹거나 짓밟고 다니면서 고산 지대의 초원이나 산등성이의 식생을 조절하고 산불이 크게 번지는 걸 막아 줘요.

크기
수컷은 꼬리를 제외한 몸길이가 130~140센티미터이고, 몸무게는 35~80킬로그램이에요.
수컷의 뿔은 75센티미터나 자랄 수 있어요.

색깔
두껍고 거친 털이 여름에는 갈색-주황색이다가 겨울이면 회색-갈색으로 변해요.

특이사항
몸이 튼튼하고 머리에 휘어진 칼 모양의 뿔이 달렸어요.
수컷은 암컷보다 몸집이 크고, 뿔도 더 크고 단단해요.
우두머리가 되려면 다른 수컷과 싸워야 하거든요.

수명
사육 상태에서 30년까지 산 아이벡스도 있지만, 대부분 수명은 15~18년이에요.

사는 곳
스페인과 포르투갈의 나무와 풀이 덮고 있는 산악 지대에 살아요.

먹이
건조한 산악 지대에 주로 나는 관목과 가시덤불을 먹고 살아요. 열매나 잔가지, 풀, 나무껍질도 먹어요.

번식
임신 기간은 5개월이고 1~2마리의 새끼를 낳아요.
새끼 아이벡스는 태어나자마자 걸을 수 있고, 곧 어미와 함께 절벽을 뛰어다녀요.

천적
늑대, 곰, 스라소니, 검독수리. 하지만 인간도 아이벡스의 천적이에요. 인간은 아이벡스가 사는 환경을 파괴하고, 함부로 죽여서 뿔을 잘라 가기 때문이에요.

아프리카 코끼리

초능력 단계:
★★★
★★

학명:
록소돈타 아프리카나
Loxodonta africana

강: 포유강
목: 장비목
과: 코끼릿과

사바나의 거인

세계에서 가장 몸집이 크고, 엄청난 힘과 감각까지 발달한 이 육상 동물에 감히 맞설 동물은 없어요.

아프리카 코끼리는 하루에 고작 2~4시간, 그것도 보통 서서 잠을 자요.

슈퍼 후각 ★
후각이 동물의 왕국에서도 독보적으로 뛰어나요. 아주 멀리 떨어진 곳에서 나는 냄새도 맡을 수 있지요.

슈퍼 청력 ★★
거대한 귀와 세밀하게 조율된 청각 기관 덕분에 인간이 듣지 못하는 소리까지 들어요.

슈퍼 촉각 ★★★
코끼리는 진동을 이용해 다른 코끼리와 소통해요. 인간이 감지하지 못하는 땅의 울림이나 저주파음을 감지하지요. 코와 발의 예민한 신경 덕분에 멀리 있는 동물의 소리나 진동을 탐지하고 그 위치까지 알 수 있어요.

슈퍼 지능 ★★★★
아프리카코끼리의 행동과 지능은 인간과 아주 비슷해요. 다른 코끼리의 감정에 공감하고 슬픔을 느끼죠. 어미를 잃은 다른 새끼를 데려다 기르고, 도구를 사용하며, 거울 속의 코끼리가 자기라는 걸 알아요. 게다가 기억력이 좋아서 경험과 지식을 머리에 저장했다가 필요할 때면 기억을 떠올려서 행동을 결정해요.

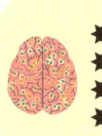

슈퍼 파워 ★★★★★
아프리카코끼리 한 마리는 9톤의 무게를 운반할 수 있어요. 코끼리의 코는 수천 쌍의 근육으로 되어 있고 최대 300킬로그램까지 들어 올려요.

슈퍼 협동심 ★★★★★★
암컷은 약 15마리로 이루어진 무리에서 어미와 평생을 함께 살아요. 가장 나이 많은 암컷이 무리를 이끌어요. 무리는 유대감이 강해서 코끼리들끼리 서로 사이좋게 지내지요. 수컷은 열두 살쯤 되면 무리에서 나와 독립해요.

아프리카코끼리는 나무 열매를 먹고 배설물을 통해서 씨앗을 사바나 전체에 뿌리고 다녀요. 많은 종류의 씨앗이 코끼리의 소화관을 통과해야만 싹을 틔울 수 있어요.

크기
키가 3미터 넘게 자라고 몸무게도 6톤이나 나가요.

색깔
가죽이 두껍고 색깔은 밝은 회색에서 진한 회색까지 다양해요.

특이사항
긴 코로 냄새만 맡는 게 아니라 먹고, 마시고, 소통하고, 몸을 씻고, 물체를 다루기까지 해요. 커다란 엄니로 먹이를 찾거나 나무껍질을 벗겨 내는 건 물론이고 가뭄에 물을 찾아 땅을 파기도 해요. 커다란 귀로 열기를 발산해서 뜨거운 날씨에도 견딜 수 있어요.

수명
50~70년.

사는 곳
남아프리카와 동아프리카의 물에서 가까운 따뜻한 지역.

먹이
풀, 잎, 관목, 열매, 나무껍질을 즐겨 먹어요. 평소에 대부분의 시간을 먹으면서 지내고 하루에 150킬로그램이나 먹어 치우지요.

번식
번식기가 되면 암코끼리는 우렁찬 소리로 짝짓기하고 싶다고 알려요. 그러면 여러 수컷이 와서 암컷과 짝짓기하려고 싸우지요. 어미의 임신 기간은 22개월이고 새끼를 한 마리 낳아 2~3년 동안 젖을 먹이며 키워요.

천적
아프리카코끼리는 눈에 잘 보이지 않는 작고 빠른 생물을 무서워해요. 특히 꿀벌을 싫어하지요. 꿀벌은 코끼리의 코로 들어가서 침을 쏘거든요.

초능력 단계:
★★
★★

학명:
옥토푸스 불가리스
Octopus vulgaris

강: 두족강
목: 문어목
과: 문어과

참문어

위장 예술가

문어는 포식자로부터 몸을 지키기 위해
순식간에 다른 모습으로 변신할 수 있어요.

> 다리 한 개쯤 잃는 것이 문어에게는 일도 아니에요. 보란 듯이 다시 자라니까요.

슈퍼 흉내 내기 ★

색소 세포와 근육 덕분에 참문어는 몸의 색깔과 모양, 행동을 바꿀 수 있어요. 그렇게 바다 밑바닥에 몸을 숨기거나 다른 동물을 흉내 내지요.

슈퍼 화학 물질 ★★

공격을 받았을 때 어떤 문어는 검은색의 걸쭉한 먹물을 뿜어내요. 모든 문어에 독이 있지만 인간에게 치명적인 맹독성 문어는 파란고리문어뿐이에요. 단, 복어의 독보다 훨씬 위험하지요.

슈퍼 재생력 ★★★

위험한 상황에서 문어는 다리 하나를 잘라내 버려요. 떨어져 나간 다리는 계속해서 꿈틀대기 때문에 포식자의 주의를 끌지요. 잘린 다리는 나중에 다시 자라요.

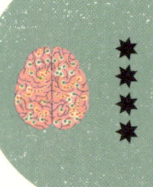

슈퍼 지능 ★★★★

문어는 무척추동물* 중에서 가장 똑똑한 동물이에요. 인간처럼 호기심이 많고, 머리를 써서 문제를 풀고, 정보를 기억하지요.

* 무척추동물: 몸 안에 등뼈가 없는 동물을 말해요.

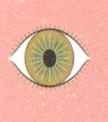

슈퍼 시력 ★★★★★

문어는 망막*에 광수용기가 한 종류밖에 없어서 색깔을 볼 수 없어요. 하지만 U자 모양의 눈동자가 여러 각도에서 독특한 방식으로 빛을 받아들이기 때문에 우리와는 다른 방식으로 색을 본답니다.

*망막: 눈의 뒤쪽을 덧대는 막이에요. 물체의 상이 맺히고 신호를 뇌에 전달해요.

과학자들은 문어의 위장 능력과 다리가 다시 자라는 재생 능력뿐 아니라 발달한 신경계와 놀라운 지능 때문에 문어를 관심 있게 연구하고 있어요.

크기
참문어는 보통 길이가 1미터까지 자라고 몸무게는 약 10킬로그램쯤 나가요. 하지만 참문어보다 훨씬 몸집이 큰 대형 문어도 많아요.

색깔
보통 노란색, 갈색, 빨간색을 띠어요. 하지만 피부 밑에 있는 특별한 색소 세포와 발광 세포가 활성화되면 색깔과 모습이 변할 수 있어요.

특이사항
머리에서 바로 나오는 8개의 튼튼한 다리에는 극도로 예민한 빨판이 달려 있어요. 몸통을 뜻하는 외투막 안에는 발달한 뇌와 U자 모양의 눈, 심장 3개와 그 밖의 내장이 들어 있고 먹이를 먹을 때 사용하는 부리가 달렸어요. 머리 옆에 있는 근육질의 관을 사이펀이라고 하는데 이곳에서 분무기처럼 빠른 속도로 물을 분사하며 이동해요.

수명
12~18개월.

사는 곳
지중해와 동대서양 바다 밑의 바위가 많은 지역, 또는 동굴처럼 몸을 숨기기 좋은 곳에 살아요.

먹이
참문어는 육식 동물이에요. 주로 갑각류(새우), 바다달팽이와 조개, 물고기, 오징어, 다른 문어를 잡아먹고 살지요.

번식
수컷이 암컷의 몸속에 정자를 집어넣으면 암컷은 방어하기 좋은 은밀한 장소에 알을 낳아요. 그때부터 4개월 동안 아무것도 먹지 않고 오로지 알을 지켜요. 알이 부화하면 지친 어미는 죽고 말아요.

천적
인간, 상어, 범고래, 바다표범, 바다코끼리, 바다사자, 갈매기, 알바트로스.

금조

초능력 단계:

학명:
메누라 노바이홀란디아이
Menura novaehollandiae

강: 조강
목: 참새목
과: 금조과

공연계의 일인자

쉿, 다들 조용히 해 주세요. 공연이 시작됩니다!
금조 수컷은 꼬리를 화려하게 펼치고 아름다운 노래로 암새를 기쁘게 해요.
금조 암컷은 사랑을 청하는 아름다운 구애 공연에 넋이 빠져 버린답니다.

> 금조는 자연의 소리는 물론이고 전기톱과 카메라 셔터음까지, 흉내 내지 못하는 소리가 없는 모창의 달인이에요.

슈퍼 음성 ★

금조의 수컷은 동물의 세계에서도 으뜸가는 재주가 있어요. 자기가 들은 소리는 무엇이든 완벽하게 따라 하는 능력이지요. 다른 새는 물론이고 사람이 우는 소리, 자동차 경적이나 엔진 소리, 총소리와 알람 소리까지요. 암컷에게 바치는 공연에서 이 소리와 노래를 마음껏 뽐내지요. 구애의 의식을 성공적으로 마치기 위해 1년 내내 열심히 연습해요.

슈퍼 보살핌 ★★

금조 암컷은 수개월 동안 공들여서 둥지를 지어요. 둥지 크기는 지름이 약 60센티미터예요. 양치식물이나 식물의 뿌리, 새의 깃털 등으로 안쪽을 덧대어 부드럽지요. 둥지를 짓거나 알을 품고 새끼를 키우는 일에 수컷은 전혀 함께하지 않아요.

슈퍼 흉내 내기 ★★★

금조 수컷은 숲속 공터의 둔덕에서 구애의 의식을 치러요. 바깥으로 한껏 뻗은 멋진 꼬리를 흔들고 1년 내내 수집한 소리들을 흉내 내면서 멋지게 춤을 추지요. 암컷이 공연 중간에 가 버리려고 하면 수컷은 맹금류의 울음소리를 내요. 그러면 암컷은 근처에 포식자가 있는 줄 알고 무서워서 공연장을 떠나지 않아요.

금조는 숲의 바닥을 긁으면서 먹이를 찾아요. 그 덕분에 낙엽이 더 빨리 분해되지요. 그럼 흙으로 들어가는 영양분이 많아질 뿐 아니라 낙엽이 치워져서 산불이 퍼지는 것을 막아요.

크기
50센티미터짜리 꼬리를 포함한 전체 몸길이가 약 1미터예요.

색깔
몸의 위쪽은 갈색이고 나머지는 회색이에요.
꼬리 쪽 깃털은 갈색, 회색, 흰색이지요.

특이사항
몸집이 커요. 길고 튼튼한 다리로 땅에서 달릴 수 있어요. 수컷은 아주 멋지고 우아한 꼬리를 자랑해요. 레이스처럼 생긴 16개의 꽁지깃이 좌우 대칭으로 달려 있어요. 가장 바깥에 있는 꽁지깃은 갈색이고 모양이 휘었어요. 날개가 둥글고 짧아서 잘 날지 못해요. 그래서 낮에는 땅에서 생활하다가 밤이면 나무 위에 올라가서 잠을 자요.

수명
약 20년.

사는 곳
오스트레일리아 남동부와 태즈메이니아의 숲.

먹이
지렁이, 벼룩, 매미, 딱정벌레 유충, 거미, 노래기, 지네, 개미, 쥐며느리, 전갈.

번식
수컷의 인상적인 공연이 끝나면 암수가 짝짓기를 하고 암컷은 한 개의 알을 낳아요. 알은 암컷 혼자서 돌봐요.

천적
여우, 들개, 들고양이, 참매를 비롯한 대형 맹금류.

올빼미

초능력 단계:
★ ★
★ ★ ★

학명:
올빼미목
Strigiformes

강 : 조강
목 : 올빼미목
과 : 올빼밋과

밤의 제왕

깜깜한 밤이 되면 올빼미는 예리한 시력으로 먹잇감의 위치를 찾고 소리 없이 날아가 치명적인 발톱으로 낚아채요.

> 대부분의 올빼미 종은 평생 한 짝꿍과 살아요.

슈퍼 청력 ★

올빼미의 귀는 훌륭한 전파 탐지기예요. 그래서 먹잇감의 위치를 잘 찾아요. 귀 옆에 자라는 깃털 다발을 뿔이라고 하는데, 움직이는 이 뿔에 소리를 가둘 수 있거든요. 어떤 올빼미는 두 귀의 높이가 서로 달라요. 그래서 양쪽 귀에 소리가 들려오는 시간에 미세한 차이가 있어요. 올빼미는 이 차이를 이용해서 먹잇감이 어디에 숨어 있는지 정확하게 알 수 있답니다.

슈퍼 시력 ★★

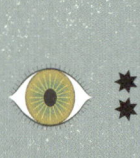

올빼미는 눈이 아주 크고, 막대세포라는 극도로 빛에 민감한 세포가 많아서 밤눈이 아주 밝아요. 안구 뒤쪽에 반사막이 있는데 아주 약한 빛도 반사하기 때문에 깜깜한 곳에서도 잘 볼 수 있어요. 인간과 달리 올빼미는 눈알을 굴릴 수 없어서 옆을 보려면 머리를 돌려야 하지만 목뼈가 사람보다 7개나 많은 14개라서 목이 270도나 회전해요. 몸은 가만히 있는 채로 머리만 돌려도 사방을 다 볼 수 있지요.

슈퍼 발과 다리 ★★★

올빼미의 발톱은 사람의 팔을 부러뜨릴 만큼 힘이 세요. 올빼미는 동물계에서 가장 사나운 밤 사냥꾼으로 이름이 나 있답니다.

슈퍼 스피드 ★★★★

넓은 날개와 특별한 반사 신경 덕분에 아주 빠른 속도로 날 수 있어요. 게다가 깃털의 가장자리가 톱니 모양이라서 날갯짓을 해도 소리가 나지 않아요. 뒤에서 먹잇감을 몰래 덮치기에 안성맞춤이지요.

올빼미는 곤충과 쥐를 사냥해서 수가 너무 불어나지 않게 막아 줘요. 그래서 자연의 해충 처리반이라고도 하지요.

크기
올빼미 중에서 가장 작은 종은 참새올빼미예요. 몸길이가 15~18센티미터이고 몸무게는 약 65그램이지요. 가장 큰 종은 수리부엉이인데, 날개를 편 길이가 최대 2미터이고 몸무게는 4킬로그램까지 나가요.

색깔
갈색에서 하얀색까지 몸 색깔이 다양해요.

특이사항
소리를 내지 않고 날 수 있어요. 얼굴은 둥글고 판판하며 큰 눈이 앞을 보고 달려 있어요(다른 새들은 머리 양쪽에 눈이 달렸어요.).

수명
야생에서 5~12년, 사육 상태에서는 약 30년을 살아요.

사는 곳
올빼미는 전 세계 어느 숲에서나 살아요. 한곳에 정착하면 떠나지 않고 평생을 사는 편이에요.

먹이
소형 및 중형 포유류(청설모, 토끼, 쥐), 파충류(도마뱀), 작은 무척추동물(지렁이, 달팽이, 딱정벌레, 거미 등), 새(벌새, 참새 등)를 먹고 살아요. 물고기를 잡아먹기도 해요. 먹이를 씹지 않고 조각조각 찢은 다음 통째로 삼켜요. 필요한 영양소만 소화하고 뼈나 깃털, 이빨처럼 먹지 못하는 부분은 뭉쳐서 도로 뱉어 내요.

번식
암컷은 한 번에 3개에서 11개의 알을 낳아요. 새끼가 알에서 깨어나면 암컷은 수컷이 가져다준 먹이를 먹여요.

천적
파충류(뱀), 육식성 포유류(여우, 너구리, 고양이), 맹금류(수리, 매, 까마귀, 더 큰 올빼미).

악어

수륙 양용 사냥꾼

이 무시무시한 파충류에게 물리면 빠져나오기 힘들어요.
땅 위에서도 물속에서도 자유자재로 사냥해요.

초능력 단계:
★★
★★
★

학명:
크로커다일과
Crocodylidae

강: 파충강
목: 악어목
과: 크로커다일과

> 악어는 2억 4000만 년 전, 공룡이 세상을 활보하던 시절부터 이미 지구에 살았어요.

슈퍼 신진대사 ★
악어는 자기가 원하는 속도로 음식을 소화할 수 있어요. 먹이가 풍부하고 날씨가 따뜻할 때는 소화 속도가 빨라요. 하지만 먹이가 귀하거나 추운 날씨에는 천천히 소화하면서 다음 끼니 때까지 에너지를 아껴요. 몇 달 동안 아무것도 먹지 못할 수도 있거든요.

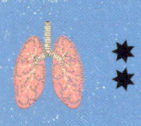
슈퍼 허파 ★★
악어는 다른 어떤 동물보다 오래 숨을 참아요. 한 시간도 넘게 물 위로 올라오지 않고 물속에 머물 수 있어요.

슈퍼 재생력 ★★★
악어의 이빨은 아주아주 날카로워요. 게다가 이빨이 빠지더라도 다시 자라기 때문에 걱정이 없답니다. 평생 많게는 3,000개의 이빨이 자라요.

슈퍼 턱과 이빨 ★★★★
악어는 세상에서 무는 힘이 가장 센 동물이에요. 일단 먹이를 물면 물속으로 끌고 들어가서 죽을 때까지 움직이지 않지요. 악어의 턱으로는 먹이를 잘게 씹을 수 없어요. 그래서 턱 사이에 먹잇감을 끼운 채로 수면에서 몸을 뒤집듯 돌려서 그 힘으로 먹이를 찢어요. 악어의 이런 행동을 '죽음의 회전'이라고 부르지요.

슈퍼 촉각 ★★★★★
악어의 갑옷에 솟아오른 작은 돌기에는 신경이 잔뜩 모여 있어서 압력의 변화나 주변의 진동을 잘 느낄 수 있어요. 먹잇감이 움직이며 일으키는 진동을 감지해 위치를 찾지요. 또 물속에서 물살을 일으키지 않고 은밀히 헤엄칠 수 있어요.

악어의 배설물은 물속의 영양소가 되어 생태계를 보전해요. 악어가 진흙에서 철벅거리며 지나간 자리는 다른 수생 동물과 식물의 피난처가 되기도 해요.

크기
가장 큰 종인 바다악어는 최대 6미터까지 자라고 무게가 1,000킬로그램이나 나가요. 가장 작은 종인 난쟁이악어는 몸길이가 약 1.5미터이고 몸무게는 18~45킬로그램 정도예요.

색깔
몸을 덮는 딱딱한 비늘은 짙은 녹색이나 회색이에요.

특이사항
악어는 수영 실력이 아주 뛰어나요. 몸길이의 절반이나 되는 힘센 꼬리로 방향을 잡으면서 길고 납작한 몸을 앞으로 움직여요. 등껍질을 따라 용골이라는 딱딱한 골판이 솟아 있어요. 가장 약한 부분은 배예요. 짧지만 튼튼한 다리 덕분에 물 밖에서도 빠르게 움직일 수 있어요.

수명
50년에서 80년 사이.

사는 곳
아프리카, 아시아, 아메리카, 오스트레일리아 열대 지방의 습지, 호수, 천천히 움직이는 강에 살아요. 바다악어는 보통 강어귀에 살지만 바다로 헤엄쳐 나갈 때도 있어요.

먹이
물고기, 파충류, 새를 잡아먹고 포유류도 크기를 가리지 않고 사냥해요. 연체동물, 갑각류, 곤충 같은 작은 무척추동물이나 개구리도 먹지요. 특별히 좋아하는 먹잇감이 없이 닥치는 대로 잡아먹어요.

번식
악어 암컷은 자기 영역으로 들어온 경쟁자와 싸워요. 물속에서 짝짓기를 마치면 물가에 만든 둥지에 암컷이 40개에서 90개의 알을 낳고 묻은 다음 옆에서 지켜요. 알을 깨고 나온 새끼는 끼익하는 소리를 내요. 그러면 어미가 흙을 파고 꺼내 주죠. 어미는 새끼를 입에 물고 물로 데리고 가요.

천적
사자, 표범, 비단뱀, 하마, 호랑이, 코끼리를 포함해 세계에서 가장 힘이 센 동물들과 인간 밀렵꾼(가죽을 얻으려고 악어를 죽여요.).

참돌고래

물속의 곡예사

이 바닷속 장난꾸러기들은 파도를 뚫고 물 밖으로 뛰어올라 뱅글뱅글 돌고, 여럿이 함께 노래하며 놀아요.

초능력 단계:
★
★★
★★★
★★★★
★★★★★

학명:
델피누스 델피스
Delphinus delphis

강: 포유강
목: 고래하목
과: 참돌고랫과

> 수돌고래는 암돌고래에게 잘 보이려고 사랑의 노래를 불러요.

슈퍼 음파 탐지 ★
돌고래는 다양한 주파수로 딸깍 소리를 내요. 그 음파가 물체에서 튕겨 나오는 소리를 듣고 주변에 무엇이 있는지 알 수 있어요. 반향정위라고 부르는 이 특별한 방법으로 돌고래는 물속에서 길을 찾고 먹이의 위치를 알아내지요. 먹잇감이 해저의 모래 밑에 숨거나 100미터나 떨어져 있어도 문제없이 찾아낸답니다.

슈퍼 협동심 ★★
보통 30마리, 어떨 때는 몇백 마리씩 무리를 짓고 살아요. 같은 무리에 있는 돌고래들끼리는 오래도록 끈끈한 관계를 유지하지요. 같은 무리의 돌고래가 위험에 빠지면 그걸 본 다른 돌고래가 휘파람을 불어서 도움을 요청해요. 그러면 주변에 있던 돌고래들이 몰려오지요. 무리끼리는 만나면 서로 반갑게 인사해요.

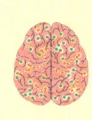
슈퍼 지능 ★★★
돌고래는 지구에서 인간 다음으로 지능이 높은 동물이에요. 특히 돌고래끼리 소통하고 사회생활하는 능력은 깜짝 놀랄 정도예요.

슈퍼 보살핌 ★★★★
임신한 암돌고래는 자궁의 태아에게 특별한 휘파람 노래를 불러 줘요. 새끼가 태어나면 이 노랫소리로 엄마를 알아본답니다.

슈퍼 음성 ★★★★★
돌고래는 길을 찾을 때 말고도 다양한 울음소리로 동료에게 위험을 경고하거나 기분을 전해요.

돌고래는 사냥을 통해 물고기나 오징어의 개체 수를 조절해요. 바다 생태계에서 여러 생물 사이의 미묘한 균형을 유지하는 데 큰 역할을 한답니다.

크기
몸길이 2~3미터, 몸무게 70~115킬로그램.

색깔
등은 어두운 회색이고 배는 밝은 회색이에요. 몸에 다양한 색깔의 띠와 얼룩이 있어요.

특이사항
몸과 주둥이가 날렵하고 유선형이라 물속에서 부드럽게 나아가요. 커다란 머리 위에는 고래처럼 분수공이 있어서 숨을 쉴 수 있어요. 꼬리지느러미가 보트 뒤에 달린 모터처럼 몸을 앞으로 나아가게 해 줘요. 가슴지느러미로는 방향을 잡아요.

수명
야생에서는 25년에서 30년, 사육 상태에서는 60년까지도 살아요.

사는 곳
전 세계 모든 바다.

먹이
태어나서 처음 몇 달은 어미의 젖을 먹어요. 자라면서 작은 물고기, 오징어, 게, 문어, 새우, 그 밖의 여러 가지 작은 동물을 먹고 살아요.

번식
교미는 오래 걸리지 않지만 대신 다른 짝을 만나 하루에 여러 번 교미해요. 임신한 암컷은 11개월 뒤에 새끼 한 마리를 낳아요. 아비가 누군지 알지 못하기 때문에 무리의 모든 수컷이 새끼 돌고래를 함께 돌봐요. 어미는 최대 2년까지 젖을 먹여요.

천적
가장 큰 돌고래 종은 천적이 없어요. 작은 돌고래 종은 범고래나 일부 상어, 그리고 인간으로부터 위협을 받아요.

초능력 단계:
★★★☆☆

학명:
데스모두스 로툰두스
Desmodus rotundus

강 : 포유강
목 : 박쥐목
과 : 주걱박쥣과

흡혈박쥐

피를 먹고 사는 뱀파이어

날카로운 이빨, 피를 즐기기 전에 희생자를 마취시키는 교묘한 기술을 보면 왜 이 박쥐에 뱀파이어라는 별명이 붙었는지 알 수 있지요.

> 박쥐는 하늘을 날 수 있는 유일한 포유류예요.

슈퍼 청력 ★☆☆☆☆
흡혈박쥐는 주로 소의 피를 먹어요. 소가 깊이 잠들었을 때 내는 낮고 일정한 숨소리를 듣고 공격 대상을 정하지요.

슈퍼 화학 물질 ★★☆☆☆
흡혈박쥐의 침에는 상처 부위를 마비시키는 마취제와 피가 굳지 않게 하는 항응혈제가 들어 있어요. 그래서 희생자는 흡혈박쥐가 피를 먹는 30분 동안 전혀 눈치채지 못해요.

슈퍼 촉각 ★★★☆☆
박쥐의 날개에 줄지어 난 작은 털은 바람의 방향이나 속도의 미묘한 변화를 알려 주는 감지기예요. 덕분에 박쥐는 비행 중에 갑자기 방향을 바꾸거나 아래로 급강하할 수 있어요.

슈퍼 음파 탐지 ★★★★☆
흡혈박쥐는 인간의 귀로 듣지 못하는 아주 높은 소리를 내요. 이 초음파가 물체에 부딪쳐서 튕겨 나오는 소리를 듣고 주위 환경에 대해 알 수 있어요. 반향정위 기술을 사용해 박쥐는 완벽한 어둠 속에서도 충돌하지 않고 날아다닐 수 있어요.

슈퍼 협동심 ★★★★★
흡혈박쥐는 커다란 군락을 이루고 살아요. 박쥐는 이틀 동안 아무것도 먹지 못하면 죽어요. 하지만 먹이를 먹지 못한 박쥐가 있으면 무리의 다른 박쥐가 자기가 삼킨 피를 게워 내서 나누어 주지요.

슈퍼 감각 기관 ★★★★★
코에 있는 온도 탐지기로 피가 따뜻한 동물(항온 동물)을 찾아 몸에서 피가 가장 많이 흐르는 부위에 상처를 내요. 이름과 달리 피를 빨아 먹지 않고 상처에서 나오는 피를 혀로 핥아 먹어요.

어떤 박쥐는 밤에 피는 꽃의 꽃가루를 전달해요. 전 세계에 박쥐의 힘을 빌어 꽃가루받이를 하는 꽃식물이 약 500종류가 있어요. 꽃가루받이는 식물이 번식하는 데 꼭 필요한 과정이에요.

크기
몸길이는 6~9센티미터, 몸무게는 약 40그램.

색깔
갈색과 회색을 띠어요.

특이사항
아주 짧은 털이 몸을 뒤덮고 있어요. 이 털이 박쥐를 습기와 추위에서 지켜 주지요. 흡혈박쥐는 다른 박쥐와는 다르게 튼튼한 뒷다리로 서서 달리고 점프도 할 수 있어요.

수명
12년에서 35년 사이예요.

사는 곳
멕시코를 비롯한 중앙아메리카, 또는 남아메리카 지역의 동굴에 살아요. 동굴 천장에 거꾸로 매달린 채 암흑 속에서 잠을 청하지요.

먹이
흡혈박쥐는 육식 동물이에요. 밤에 사냥을 나가지요. 하루에 자기 몸무게의 절반인 20그램의 피를 마셔야 해요.

번식
암컷과 수컷은 같은 군락에서 여러 짝과 짝짓기하면서 1년 내내 번식해요. 임신하고 7개월이 지나면 2~4마리의 새끼가 완전히 발달한 상태로 태어나요. 암컷은 새끼에게 젖을 물리고 수컷은 무리의 모든 새끼를 돌보고 보호해요.

천적
밤에 사냥을 나섰다가 올빼미에게 공격을 받을 수 있어요.

매

하늘의 달리기 선수

매가 위풍당당하게 하늘을 날고 있을 때면
온 세상이 느린 동작으로 움직이는 것처럼 보여요.

초능력 단계:

학명:
팔코 페레그리누스
Falco peregrinus

강: 조강
목: 매목
과: 맷과

수컷은 암컷에게 멋진 공중 곡예를 선보이며 구애해요.

슈퍼 스피드

매는 세상에서 가장 빠른 동물이에요. 공기역학적으로 설계된 V자 모양의 몸으로 하늘을 빠르게 질주하고, 공중에서 여러 동작을 정확하게 수행해요. 특히 매의 유명한 급강하 기술은 따라올 자가 없지요. 시속 300킬로미터가 넘는 속도로 땅을 향해 돌진한답니다. 이런 대단한 능력으로 매는 무자비하게 사냥해요. 수평으로 날면서 짧은 거리를 추격할 때는 시속 120킬로미터로 비행해요. 항공 엔지니어들은 매의 몸을 연구해서 유선형의 항공기를 설계하고 있어요.

슈퍼 시력

매의 시력은 인간보다 3배나 더 뛰어나요. 눈이 관 모양이고 커다란 동공에는 광수용 세포가 엄청나게 많아서 물체를 더 잘 볼 수 있거든요. 매는 시력도 뛰어나고 본 것을 뇌에서 빠르게 처리하기도 해요. 눈이 머리에 비해 아주 크기 때문에 안구를 움직여서 다른 방향을 보기는 힘들어요. 멀리 있는 먹잇감을 탐색하면서 다른 방향을 봐야 할 때는 눈 대신 머리를 돌려요.

매는 가장 빠르고 가장 치명적인 맹금류예요. 새를 잡아먹기 때문에 새들의 개체 수와 생태계의 균형을 조절하지요. 공항에서는 매를 이용해 안전한 비행에 위험이 되는 새들을 쫓아내요.

크기
중간 크기의 조류예요. 몸길이가 34~58센티미터이고, 날개를 편 길이는 120센티미터예요. 수컷은 암컷보다 크기가 작아요. 몸무게는 750그램에서 1.5킬로그램 사이예요.

색깔
몸과 날개 윗면의 깃털은 어두운 청회색이고, 목과 날개 밑면은 흰색이며 양쪽 모두 검은색 반점이 있어요. 목덜미와 앞쪽 머리의 검은 깃털은 투구 같아요.

특이사항
머리는 둥글고 부리는 갈고리 모양이에요. 다리는 짧고 아주 긴 발톱이 달렸어요. 날개는 좁고 끝이 뾰족해요.

수명
12년에서 15년 정도 살지만 열 마리 중에 여섯 마리는 태어나서 첫해를 넘기지 못해요.

사는 곳
남극 대륙을 제외한 모든 대륙의 산과 언덕, 바닷가 절벽에 살아요. 일부 도시 지역의 숲에서도 발견할 수 있어요.

먹이
육식 동물이에요. 주로 새를 잡아먹어요. 드물지만 박쥐, 쥐, 토끼, 청설모를 사냥한다고도 알려졌어요.

번식
1년에 한 번씩 항상 같은 장소에서 짝짓기해요. 암컷은 2~5개의 알을 낳고 약 30일 동안 품어요. 부화한 어린 매는 40일쯤 지나면 처음으로 날기 시작해요.

천적
낮에는 올빼미가 둥지를 공격해서 매의 알이나 새끼를 잡아먹어요. 다 큰 매도 밤에는 공격당할 때가 있어요.

풀뱀

초능력 단계:
★ ☆
★ ☆

학명:
나트릭스 나트릭스
Natrix natrix

강: 파충강
목: 뱀목
과: 뱀과

자연계의 강력한 연기 대상 후보

이 사기꾼을 믿지 말아요.
죽은 것처럼 보여도 절대 가까이 가면 안 돼요.

> 뛰어난 수영선수예요. 물속에서 머리를 쳐들고 몸을 꿈틀거리며 지그재그로 헤엄쳐요.

슈퍼 흉내 내기 ★

독사가 아니라서 독으로 상대를 공격할 수 없어요. 하지만 풀뱀은 아주 기발한 방법으로 자기 몸을 보호해요. 포식자가 근처에 나타나면 죽은 척을 하거든요. 땅에 벌러덩 누워서 꼼짝하지 않고 있는 것도 모자라 배에 공기를 채워서 부풀리기까지 하지요. 그럼 영락없이 죽어서 썩어 가는 동물처럼 보인답니다.

슈퍼 화학 물질 ★★

풀뱀은 이 '시체 놀이'를 실감 나게 하기 위해 눈알을 굴린 채로 입을 벌리고 혀를 밖으로 늘어뜨려요(피 몇 방울과 함께요.). 그리고 최후의 필살기로 썩은 내가 진동하는 액체를 배설하지요. 포식자가 굶주린 배를 움켜쥐고 그냥 돌아서길 바라면서 말이에요.

슈퍼 후각 ★★★

여느 뱀처럼 풀뱀도 혀로 냄새를 맡아요. 혀를 내밀고 날름거리면서 공기 중에 섞여 있는 화학 물질을 감지하지요. 그렇게 먹이를 추적하다가 포식자의 냄새가 나면 몸을 숨겨요. 풀뱀은 이런 뛰어난 후각으로 짝을 찾고, 겨울잠을 함께 잘 동료도 만들어요.

이 반수생 뱀은 노리는 천적이 많을 뿐더러 뱀 자신도 양서류나 어류를 많이 잡아먹고 살기 때문에 습지 생태계의 먹이 사슬에서 중요한 역할을 해요.

크기
암컷은 길이가 1.2미터까지 자랄 수 있어요.
하지만 수컷은 1미터를 넘지 않아요.

색깔
보통 올리브색이지만 회색, 푸른색, 검은색을 띨 때도 있어요. 배는 더 밝은 색이고 작고 검은 무늬가 있어요. 어린 뱀은 목둘레에 가장자리를 검게 두른 흰색 또는 노란색 고리가 있어요. 이 띠는 나이가 들면 사라져요.

특이사항
길고 유연한 몸은 비늘로 덮여 있고, 머리는 둥글고 꼬리는 뾰족해요. 다른 뱀과 달리 눈동자가 둥근 모양이에요. 암컷은 알을 낳아요. 물속에서 1시간 동안 나오지 않고 있을 수 있어요.

수명
15년에서 25년.

사는 곳
유럽 대부분과 북아프리카, 서아시아 물가의 숲, 습지, 강이나 물 근처의 좀 더 마른 땅에 살아요.

먹이
주로 개구리와 두꺼비를 잡아먹고 살아요. 하지만 쥐, 물고기, 도마뱀, 곤충, 지렁이를 먹기도 해요.

번식
짝짓기를 끝낸 암컷은 따뜻하고 습한 은신처(썩어 가는 식물이나 똥)를 찾아 10~40개의 알을 낳아요. 알을 깨고 나온 어린 뱀은 연필 크기이고 바로 혼자서 살아갈 수 있어요.

천적
맹금류(수리, 올빼미, 매, 말똥가리), 큰 섭금류(왜가리, 황새), 포유류(담비, 오소리, 제넷, 수달, 고슴도치, 고양이).

백상아리

예리한 감각의 수영 선수

초능력 단계:
★ ★ ☆
★ ★ ☆

학명:
카르카로돈 카르카리아스
Carcharodon carcharias

강: 연골어강
목: 악상어목
과: 악상엇과

상어는 피부에 있는 특별한 전기 감지기 덕분에 물속에서 움직이는 어떤 생물도 쉽게 탐지할 수 있어요. 바다 밑바닥에 숨으면 못 찾을 거라고요? 어림없는 말씀! 그랬다면 초능력이라고 부르지도 않았겠지요.

> 상어 어미의 자궁 안에서 가장 강한 태아가 다른 알을 먹으면서 자라요.

슈퍼 감각 기관 ★

상어의 주둥이에는 작은 구멍이 잔뜩 나 있는데 각 구멍은 젤리로 채워진 관으로 이어져서 전기장에 민감한 세포로 연결되어요. 로렌치니 기관이라고 부르는 이 수용기는 심지어 해저 아래에서도 먹잇감이 움직일 때 남기는 전기장을 감지할 수 있어요.
또 이 기관은 지구의 전자기장도 탐지할 수 있어서 상어가 긴 여행을 할 때 길을 알려 주는 나침반 역할을 해요.

슈퍼 시력 ★★

상어의 눈에는 얇은 막이 있어요. 깊고 어두운 물속으로 들어오는 아주 희미한 빛까지 반사하고 증폭하지요. 이처럼 발달한 시력은 상어가 먹잇감에 접근하는 데 아주 이롭답니다.

슈퍼 후각 ★★★

바닷물은 2개의 콧구멍을 통해 머리로 들어가서 후각망울에 닿아요. 이 기관은 물 분자 수백만 개 가운데 들어 있는 피 분자 한 개의 냄새를 맡을 수 있어서 상어가 먹이를 추적하게 도와요.

슈퍼 턱과 이빨 ★★★

백상아리가 무는 힘은 인간보다 300배나 더 강해요. 그것도 모자라 입안에 크고 날카로운 톱니 이빨이 여러 줄로 나 있어서 아주 치명적이지요.

이 상어는 해저에서 죽은 동물을 청소해요. 늙거나 죽은 물고기를 먹어서 군집의 균형을 맞추고 질병이 퍼지지 못하게 막아요.

크기
백상아리의 몸길이는 4~6미터이고 몸무게는 1~2톤까지 자랄 수 있어요. 하지만 실제로는 죽을 때까지 생장을 멈추지 않아요. 암컷이 수컷보다 커요.

색깔
이름은 백상아리이지만 배만 흰색이에요. 몸의 나머지 부분은 푸른빛이 도는 회색이지요. 덕분에 위에서 볼 때는 어두운 바다 밑바닥처럼 보이고, 밑에서 위로 볼 때는 태양의 햇빛처럼 보이는 위장 효과가 있답니다.

특이사항
튼튼한 몸에 커다란 가슴지느러미 2개, 그리고 상어의 상징인 삼각형 모양의 등지느러미가 달렸어요. 꼬리지느러미는 초승달 모양이에요. 주둥이는 원뿔 모양이고 입은 크고 둥글어요. 몸의 양쪽에 각각 아가미 구멍이 5개씩 있어요. 피부는 이빨처럼 단단한 비늘로 덮여 있어요.

수명
70년 이상.

사는 곳
열대나 온대 바다의 비교적 얕은 물. 먹이를 쉽게 찾을 수 있는 바위나 모래 해변 가까이 살아요.

먹이
물고기, 돌고래, 바다사자, 오징어, 문어, 갑오징어, 거북, 펭귄, 죽거나 썩은 동물, 새. 다른 상어를 잡아먹기도 해요.

번식
수컷이 정자를 암컷에게 전달해서 난자를 수정해요. 약 1년 뒤에 어미의 자궁에서 알이 부화하고 어미는 새끼를 낳아요. 한 번에 3~4마리가 태어나는데 세상에 나오자마자 곧장 어미에게서 멀리 도망가요. 잡아먹히지 않으려고요.

천적
자연에서 유일한 천적은 범고래예요. 가장 큰 위협은 인간이지요.

폭탄개미

치명적인 뇌관

이 개미는 작지만 용맹해요.
무리가 공격을 받으면 주저하지 않고 자기 배를 터뜨려서
적에게 독극물을 뿌린답니다.
자기를 희생해 모두를 보호하려는 행동이에요.

초능력 단계:
★ ★
★ ★

학명:
콜로봅시스 사운데르시
Colobopsis saundersi

강: 곤충강
목: 벌목
과: 개밋과

개미는 땅으로 소리를 전달해서 동료들에게 먹이를 찾았다고 알려요.

슈퍼 화학 물질
★
폭탄개미의 일개미 배 안에는 특별한 화학 물질이 들어 있어요. 끈적거리고 독성이 강하기 때문에 공격자의 몸이 타들어 가면서 꼼짝 못 하게 되지요. 하지만 이 독을 사용하려면 배를 폭발시켜야 하기 때문에 일개미 자신은 죽고 만답니다.

슈퍼 협동심
★
★
폭탄개미는 수백만 마리가 군락을 이루고 살아요. 각자가 무리의 생존을 위해 살고 일하며 협동하지요. 개미의 초능력은 바로 모두 하나가 되어 함께 일하는 능력이에요.

슈퍼 후각
★
★
★
개미는 지구상의 모든 곤충 중에서 후각 수용기가 가장 많아요. 대부분의 곤충이 60~80개라면 개미는 400개도 넘거든요. 폭탄개미 한 마리가 폭발하면서 방출된 화학 물질이 공중에 퍼지면 무리의 나머지 개미들이 냄새를 맡고 개미집을 지키기 시작해요.

슈퍼 파워
★
★
★
★
개미는 작지만 강력한 턱으로 자기 몸무게의 최대 50배나 되는 물건을 운반할 수 있어요.

지구상의 전체 초본성* 식물 중 약 절반이 개미를 통해서 씨를 퍼뜨려요. 그 대신 개미는 둥지를 짓고 먹이를 구할 수 있는 안전한 장소를 선사 받지요.

*초본성: 나무와 달리 단단한 성질이 발달하지 않는 식물을 말해요.

크기
몸길이 6~12밀리미터.

색깔
진한 갈색, 빨간색, 검은색.

특이사항
머리의 두 더듬이가 사람의 팔꿈치처럼 구부러져요. 턱이 작아요. 폭탄개미의 배는 다른 개미보다 훨씬 커요. 그 안에서 부식성 물질을 만들고 저장해요.

수명
폭탄개미의 일개미는 수명이 2년이고, 여왕개미의 수명은 15년이에요.

사는 곳
말레이시아와 동남아시아의 일부 열대우림 지역에 살아요.

먹이
폭탄개미는 잡식성이에요. 무엇이든지 가리지 않고 먹는다는 뜻이에요. 죽은 곤충, 열매, 꽃, 동물의 살점, 지방을 먹어요.

번식
여왕개미는 여러 수개미와 짝짓기해요. 짝짓기가 끝나면 수개미는 바로 죽어요. 하지만 여왕개미는 그때부터 평생 매일 수백 개씩 알을 낳지요. 일개미는 생장 주기에 맞춰 세심하게 알을 보살펴요. 여왕개미가 될 유충은 더 영양가 있는 식단을 먹어요.

천적
개구리, 두꺼비, 도마뱀, 뱀, 거미, 새.

나방

신비로운 모방자

나방은 뛰어난 모방 전문가예요.
날개의 무늬로 자신을 위협하는 동물을 완벽하게 흉내 내지요.

초능력 단계:
★ ★
★ ☆
★ ★

학명:
산누에나방과
Saturniidae

강: 곤충강
목: 나비목
과: 산누에나방과

> 어떤 나방은 번데기에서 탈피하여 성충이 되고 나면 그때부터 먹이를 먹지 않고 번식 활동만 해요.

슈퍼 감각 기관 ★
나방의 더듬이에는 깃털이나 실 모양의 미세한 털이 나 있어요. 이 더듬이로 8킬로미터나 떨어져 있는 다른 나방이 보낸 페로몬을 감지하지요. 페로몬은 나방이 서로 먹이나 위험에 관한 정보를 나누고 짝을 찾을 때 사용하는 화학 물질이에요.

슈퍼 후각 ★★
나방의 후각 수용기는 더듬이에 있어요. 박각시나방은 더듬이와 혀로 자기가 좋아하는 꽃의 화학적 특징을 감지할 수 있답니다.

슈퍼 청력 ★★★
나방은 모든 동물 중에서 가장 청각이 예민해요. 어떤 나방 종은 주파수가 최대 300킬로헤르츠나 되는 초음파를 들을 수 있어요. 인간은 들을 수 없는 소리랍니다. 이 주파수는 박쥐가 내는 소리의 주파수와 같아요. 그래서 나방은 이 소리를 듣고 박쥐를 피하지요.

슈퍼 흉내 내기 ★★★★
나방은 위장의 달인이에요. 날개의 무늬는 나방이 사는 주변 환경을 흉내 내요. 어떤 나방은 말벌이나 거미처럼 위협적인 곤충의 무늬를 똑같이 모방해요. 심지어 새똥을 닮은 나방도 있답니다. 위험한 포식자에게서 자신을 지키는 훌륭한 방법이에요.

밤에 꽃이 피는 많은 식물이 나방의 도움으로 꽃가루받이를 해요. 전 세계에 25만 종의 나방이 있어요.

크기
나방은 종에 따라 날개를 편 길이가 4밀리미터에서부터 30센티미터까지 아주 다양해요.

색깔
날개에 짙은 눈꼴무늬가 있어요.

특이사항
나방의 날개, 몸, 다리는 가루 같은 비늘로 덮여 있는데 손으로 만지면 떨어져 나와요. 나비랑 비교했을 때 나방은 몸이 더 통통하고 색깔이 칙칙해요.

수명
나방 수컷은 30일 동안 살아요. 하지만 암컷은 기껏해야 그 절반밖에 살지 못해요.

사는 곳
적응력이 뛰어나기 때문에 높은 산에서부터 사막까지 어느 환경에서나 살아요. 나방은 야행성 생물이라 주로 어두운 공간에서 발견되어요.

먹이
나방 종 대부분의 유충과 성체가 식물을 먹어요.

번식
다른 나비목 생물과 마찬가지로 나방의 한살이는 알, 유충(애벌레), 번데기, 성충의 4단계로 이루어져요.

천적
새, 박쥐, 거미 등.

외뿔고래

바다의 유니콘

외뿔고래는 전설의 동물인 유니콘을 닮은 뿔이 있어요.
사실은 유난히 길게 자란 엄니지만요.

초능력 단계:
★ ★
★ ★

학명:
모노돈 모노케로스
Monodon monoceros

강: 포유강
목: 고래하목
과: 외뿔고랫과

> 외뿔고래 수컷 500마리 중에 한 마리꼴로 엄니가 2개씩 자라요.

슈퍼 촉각 ★
외뿔고래는 사냥할 때 엄니를 사용해요. 물고기를 깜짝 놀라게 해서 방향 감각을 잃게 만들지요. 게다가 이 엄니에는 신경이 수백만 개나 모여 있어서 온도, 염분, 수압에 아주 민감해요. 주위 환경에 대한 이런 정보 덕분에 외뿔고래는 수영하는 물의 깊이, 빙하 밑에서 숨을 쉴 수 있는 공간의 위치, 심지어 언제 눈이 내리는지까지 알 수 있어요.

슈퍼 음성 ★★
외뿔고래는 휘파람 소리, 딸깍 소리, 웅웅거리는 소리를 비롯한 다양한 음성으로 다른 외뿔고래와 이야기를 나누고 먹잇감의 위치를 찾아요.

슈퍼 보살핌 ★★★
외뿔고래 암컷은 새끼를 한 마리만 낳아요. 그리고 20개월 동안 젖을 먹여요. 그때까지 엄마와 새끼는 특별히 가까운 사이가 되지요. 새끼 외뿔고래는 엄마 곁에 가까이 머물며 자기 몸길이의 2배 이상 떨어져 있지 않아요.

슈퍼 음파 탐지 ★★★★
외뿔고래의 반향정위 시스템은 아마 지구에서 최고일 거예요. 반향정위는 동물이 보낸 음파가 물체에 부딪혀서 튕겨 나오는 메아리에 따라 그 물체의 크기나 위치를 감지하는 방법이에요. 외뿔고래는 딸깍거리는 소리를 계속 보내서 먹잇감이나 장애물의 위치를 알 수 있지요.

외뿔고래를 비롯한 고래의 배설물은 영양소가 풍부해서 식물성 플랑크톤이나 크릴에게 양분을 줘요. 많은 해양 동물이 식물성 플랑크톤이나 크릴을 먹고 살지요.

크기
몸길이 4~5미터, 몸무게 800~1,600킬로그램.

색깔
갓 태어난 외뿔고래는 몸 전체가 푸른빛을 띠는 회색이거나 짙은 남색이에요. 자라면서 가죽이 점점 밝아지고 거무스름한 반점이 생겨요. 나이가 많은 외뿔고래는 하얀색이나 마찬가지예요.

특이사항
다 큰 외뿔고래 수컷에는 나선형으로 길게 뻗은 뿔이 있는데 사실은 왼쪽 턱의 송곳니가 자란 엄니예요. 길이가 3미터나 되는 경우도 있어요. 암컷이 이런 엄니를 가지는 경우는 드물어요.

수명
50~70년. 외뿔고래는 사람이 만든 인공 환경에서 생존하지 못해요.

사는 곳
겨울에는 북대서양 해빙 근처의 얼음장 같은 물에 살아요. 여름에는 북극해 연안으로 이동해요.

먹이
주로 물고기를 먹고 살지만 오징어와 크릴도 먹어요. 사냥할 때는 물속으로 1,500미터나 잠수해서 길게는 25분까지 머무를 수 있어요.

번식
외뿔고래는 수직 자세로 짝짓기해요. 서로 마주 보고 서서 수컷이 배를 암컷의 배에 대고 정자를 전달해요. 암컷은 15개월의 임신 기간이 끝나면 새끼 한 마리를 낳아요.

천적
상어, 북극곰, 범고래. 그러나 오늘날 외뿔고래에게 닥친 가장 큰 위험은 해양 오염과 기후 변화예요.

황소머리 소똥풍뎅이

초능력 단계:

학명:
온토파구스 타우루스
Onthophagus taurus

강: 곤충강
목: 딱정벌레목
과: 풍뎅잇과

놀라운 역도 선수

깜짝 놀랄 준비 되었나요?
이 작은 곤충이 사실은 동물의 왕국에서 가장 힘이 센 동물이에요.
슈퍼맨도 혀를 내두르고 갔다지요.

> 소똥풍뎅이는 똥을 모아 공 모양으로 만들고 나면 집까지 일직선으로만 굴려서 가요.

슈퍼 파워

이 풍뎅이의 외골격은 아주 튼튼해요. 그래서 자기 몸무게의 1,141배까지 들어 올리지요. 소똥풍뎅이가 엄청난 크기의 똥 덩어리를 굴릴 수 있는 건 모두 뒷다리 덕분이에요.

슈퍼 후각

소똥풍뎅이의 더듬이에는 수백 개의 후각 감지기가 있어서 아주 민감해요. 멀리 떨어진 곳에서 풍기는 먹이 냄새를 기가 막히게 맡고 찾아가지요. 동물의 똥 말이에요.

슈퍼 시력

소똥풍뎅이는 은하수의 별빛을 볼 수 있어요. 그리고 태양과 달을 이용해서 집으로 가는 길을 찾지요. 누구도 이들의 앞길을 막을 수 없어요. 경사가 급한 오르막도, 계단도 아랑곳하지 않고 오로지 직진이랍니다.

소똥풍뎅이는 동물의 배설물을 깨부수고 사방에 흩트리고 땅에 묻어요. 그러면서 똥에 들어 있던 식물의 씨앗을 멀리 퍼트리고, 질병을 옮기는 파리가 꼬이지 않게 막고, 흙에 비료를 주지요.

크기
몸길이 6~11밀리미터.

색깔
검은색 또는 붉은색이 돌고 등에 은빛 광택이 있어요.

특이사항
몸이 머리, 가슴, 배의 세 부분으로 나뉘어요. 둥근 머리에 2개의 더듬이와 2개의 뿔이 솟아 있어서 황소머리라는 이름이 붙었어요. 털이 달린 튼튼한 세 쌍의 다리는 가슴에서 나와요. 튼튼한 외골격이 몸 전체를 보호해요. 배의 양쪽에 뚫린 숨구멍으로 숨을 쉬어요.

수명
약 1년.

사는 곳
남극 대륙을 제외한 모든 대륙에 살아요. 다양한 환경에서 잘 적응하지요. 땅에 굴을 파고 자기가 만든 똥 덩어리를 묻어요.

먹이
동물의 똥. 똥에는 탄수화물, 비타민, 무기질, 질소, 세균이 잔뜩 들어 있어요.

번식
수컷이 똥을 뭉쳐서 큰 공 모양으로 만들면 암컷이 거기에 알 3~4개를 낳아요. 알을 까고 나온 유충에게 똥은 영양만점의 먹이가 된답니다.

천적
곤충, 파충류, 새, 포유류.

초능력 단계:
★★★★
★★★★
★

학명:
우르수스 마리티무스
Ursus maritimus

강: 포유강
목: 식육목
과: 곰과

북극곰

극지의 힘쎈돌이

이 막강한 포식 동물은 북극해 해변에서 가장 두려운 동물이에요.
얼음 위에서든 물속에서든 북극곰으로부터 쉽게 도망칠 수 없거든요.

물에서 나온 북극곰이 몸을 한 번 부르르 떨면 금세 몸이 말라요.

슈퍼 후각
★
북극곰의 후각은 동물계에서 아프리카코끼리 다음으로 강력해요. 30킬로미터 밖에서도 작은 먹잇감이나 죽은 동물의 냄새를 맡거든요. 발달한 후각으로 다른 북극곰의 위치를 찾거나 구분할 수 있어요.

슈퍼 턱과 이빨
★★
북극곰의 입에는 아주 크고 날카로운 이빨이 42개 있어요. 북극곰이 무는 힘은 벵골호랑이나 아프리카사자와도 비교할 수 없을 정도로 강해요.

슈퍼 시력
★★★
북극곰의 눈에는 세 번째 눈꺼풀이 있어요. 이 눈꺼풀은 선글라스처럼 얼음과 눈에 반사되는 빛을 걸러 주지요.

슈퍼 보살핌
★★★★
임신한 암컷은 열량을 많이 저장하기 위해 평소보다 더 많이 먹어요. 수개월 동안 굴 안에 머물면서 새끼를 낳고 젖을 먹이죠. 갓 태어난 새끼는 눈도 안 보이고 이빨도 없어서 혼자 할 수 있는 게 아무것도 없거든요.
엄마는 새끼에게 먹이를 찾고 자기 자신을 지키는 방법을 알려 줘요.

슈퍼 파워
★★★★★
북극곰은 앞발을 한 번 휘둘러서 먹잇감을 때려눕히고 물속에서도 힘들이지 않고 꺼내 와요.

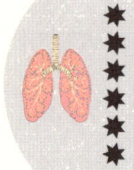

슈퍼 허파
★★★★★
북극곰은 3~5미터 깊이의 물속에서 2분 동안 숨을 참을 수 있어요. 또 쉬지 않고 수백 킬로미터를 헤엄치지요.

슈퍼 발과 다리
★★★★★★
발가락에 달린 갈고리 모양 발톱으로 먹이를 붙잡고 눈 위에서 걸어요. 발바닥 패드 틈새에 자라는 털 다발 덕분에 얼음 위에서도 미끄러지지 않아요. 북극곰은 달리기도 빨라서 시속 40킬로미터로 뛸 수 있어요.

북극곰은 바다표범 개체수를 적절하게 유지하는 결정적인 역할을 해요.
또 북극곰은 바다코끼리, 흰고래, 사향소, 순록, 그리고 새와 그 알을 먹어요.

크기
다 자란 수컷은 몸무게가 350~700킬로그램이고, 몸길이가 2.5미터 이상 자라요. 암컷은 보통 몸무게가 수컷의 절반이고 약 2미터까지 자라요.

색깔
북극곰의 털가죽은 사실 반투명하지만 빛이 반사하는 방식 때문에 하얗게 보여요. 북극곰의 피부는 까만색이라 태양의 열기를 잘 흡수하고, 털은 속이 비어서 열을 가두어요.

특이사항
북극곰은 짧지만 힘이 아주 센 다리, 약간 평평한 머리, 아주 크고 강력한 턱이 특징이에요. 꼬리가 짧고 귀가 작아서 열의 손실을 막아 줘요. 피부 아래의 두꺼운 지방층 덕분에 추위에 더 잘 견딘답니다.

수명
25~30년을 살아요.

사는 곳
북극 지방.

먹이
북극곰은 세계에서 가장 넓은 땅에 사는 포식 동물이에요. 식탐이 많은 이 육식 동물은 매일 30킬로그램의 먹이를 먹어야 해요. 주로 바다표범을 사냥해서 지방과 가죽을 먹어요. 먹잇감의 피에서 필요한 수분을 얻기 때문에 물을 마시지 않아요.

번식
암컷은 3년에 한 번씩 짝짓기해요. 그래서 번식기에 수컷끼리 싸움이 많이 일어나지요.

천적
자연에는 북극곰의 천적이 없어요. 하지만 기후 변화와 인간이 이 동물의 생존을 위협하지요. 인간은 북극곰의 서식지를 침범해서 사냥해요.

검은과부 거미

작고 조용한 공포

초능력 단계:
★ ★ ★
★ ★ ★

학명:
라트로덱투스 막탄스
Latrodectus mactans

강: 거미강
목: 거미목
과: 꼬마거미과

검은과부거미의 독은 방울뱀의 독보다 15배나 더 강력해요.

검은과부거미 암컷은 보통 혼자서 평화롭게 지내지만 누군가에게는 치명적이에요.
짝짓기를 마치면 수컷을 먹어 치우거든요.
암거미에게 구애하는 일은 목숨까지 걸어야 하는 위험천만한 작업이지요.

슈퍼 화학 물질

검은과부거미의 암컷은 배에서 뽑아낸 거미줄로 강철처럼 튼튼한 거미집을 지어요. 먹잇감이 거미줄에 걸려들면 가서 독을 주입한 다음 소화 효소를 뿌려요. 이 효소가 먹잇감을 분해해서 소화되기 쉽게 만들지요. 검은과부거미의 독은 아주 무섭지만 자기를 방어할 때만 공격해요. 이 거미에게 물리면 위험하지만 그래도 사람이 목숨을 잃는 경우는 별로 없어요.

슈퍼 촉각

검은과부거미는 발에 달린 털로 공기 중의 소리와 진동을 감지해요. 공기 중의 정전기도 느낄 수 있어요. 이 능력 덕분에 소리가 들리지 않고 눈이 잘 보이지 않아도 주위 환경을 알 수 있어요. 슈퍼 촉각으로 먹잇감의 위치도 찾고, 암컷과 수컷이 서로 소통해요.

검은과부거미는 곤충을 잡아먹기 때문에 그 수가 지나치게 불어나지 않게 하는 역할을 해요. 과학자들은 거미집과 독의 놀라운 특징을 연구해요.

크기
검은과부거미 암컷은 다리를 완전히 펼쳤을 때 길이가 최대 35밀리미터예요. 하지만 수컷은 고작 18밀리미터이지요. 수컷의 몸무게는 암컷보다 30배나 적어요.

색깔
암컷은 윤기가 있는 검은색이고 배에 모래시계 모양의 붉은 무늬가 있어요. 수컷은 갈색이나 검은색이고 배의 양쪽으로 빨갛고 하얀 네 쌍의 줄무늬가 있어요.

특이사항
몸이 머리가슴과 배, 두 부분으로 나뉘어요. 머리는 가슴에 붙어 있어요. 가슴에서 8개의 다리가 나와요.

수명
대략 1~3년을 살아요.

사는 곳
검은과부거미는 몸을 숨길 수 있는 어두운 구멍이나 입구를 좋아해요. 돌, 나뭇조각, 나무껍질 사이에 숨어 있지요. 미국 동부와 멕시코의 건조한 지역에서 발견되어요.

먹이
딱정벌레, 파리, 모기 같은 곤충과 다른 거미류를 잡아먹어요.

번식
수컷은 정자가 들어 있는 꾸러미를 만들어 다리에 붙이고 있다가 암컷과 짝짓기할 때 전달해요. 암컷은 수정된 알을 여러 개의 주머니에 낳은 다음, 거미집에 매달아 놓아요. 갓 부화한 거미는 몇 마리 남지 않을 때까지 서로 잡아먹어요.

천적 새, 곤충, 작은 포유류.

치타

적수가 없는 속도위반자

초능력 단계:
★★
★★
★★

학명:
아키노닉스 유바투스
Acinonyx jubatus

강: 포유강
목: 육식목
과: 고양잇과

믿을 수 없이 빠른 이 고양잇과 동물은 자연의 법칙을 거스르는 것 같아요. 날개가 없는데도 땅 위에서 날아다니니까요.

> 고양잇과 동물이지만 치타는 포효하거나 나무 위에 올라갈 수 없어요.

슈퍼 스피드 ★
치타는 세계에서 가장 빠른 육상 동물이에요. 400~500미터 거리를 최대 시속 115킬로미터로 달려요. 게다가 속력을 0에서 시속 96킬로미터로 올리는 데 3초밖에 안 걸린답니다. 또한 전속력으로 달리다가도 순식간에 방향을 바꿀 수 있어요.

슈퍼 시력 ★★
눈이 높이 달려 있어서 시야가 사방으로 210도나 된답니다. 망막은 눈에 들어온 빛을 받아들이는 부위인데, 치타의 망막은 특별히 발달해서 치타가 사는 평평하고 탁 트인 땅을 멀리, 그리고 넓게 볼 수 있게 해 줘요.

슈퍼 발과 다리 ★★★
다른 고양잇과 동물처럼 치타는 발가락으로 걸어요. 발바닥에 단단한 패드가 부착되어 있어서 진흙탕에서도 미끄러지지 않고 젖은 땅에서도 쉽게 먹잇감을 뒤쫓을 수 있어요.
고양잇과 동물 대부분이 발톱을 완전히 집어넣을 수 있지만 치타는 절반만 들어가요. 덕분에 물체를 잘 붙잡고 빠르게 속도를 올릴 수 있어요.

슈퍼 지능 ★★★★
치타가 빠른 속도로 달릴 때는 열량이 많이 필요해요. 치타는 열량을 효율적으로 사용하기 위해 먹잇감이 움직이는 방향을 예측한 다음 속도를 올려요.

슈퍼 보살핌 ★★★★★
어미 치타 혼자서 새끼가 청소년기에 들어설 때까지 돌봐요. 치타 암컷은 어미 잃은 새끼를 데려다 기르기도 해요.

치타는 제대로 성장하지 못했거나 약하거나 아픈 동물을 사냥해요. 그러면 더 잘 적응한 개체가 살아남아 생태계의 균형을 맞추게 되지요.

크기
다른 대형 고양잇과 동물보다 몸집이 작은 편이에요. 꼬리를 뺀 몸의 길이가 110~150센티미터이고, 꼬리 길이는 몸의 절반에 가까운 55~80센티미터예요. 몸무게는 35~60킬로그램이에요.

색깔
황갈색 바탕에 검은색 점이 있고 목둘레는 하얀색이에요. 표범과 달리 치타는 눈에서 입까지 진하게 이어지는 검은 선이 특징이에요. 반점도 표범보다 작고 모양이 둥근 편이에요.

특이사항
날씬한 몸은 오로지 달리기를 위해 설계되었어요. 튼튼한 심장(고양잇과 동물 중에서 심장이 몸집에 비해 가장 커요.), 커다란 허파와 넓은 콧구멍은 치타가 사냥하는 동안 산소의 양과 몸 전체의 혈액 순환을 적절하게 유지해요. 긴 꼬리는 먹잇감을 추적할 때 방향을 빠르고 안정적으로 바꾸게 해요.

수명
야생에서는 10~12년, 사육 상태에서는 20년 이상 살아요.

사는 곳
아프리카와 서아시아의 초원이나 반사막 지대처럼 탁 트인 넓은 땅에서 살아요.

먹이
주로 가젤이나 임팔라를 잡아먹지만 누와 얼룩말처럼 덩치가 큰 포유류를 사냥할 때도 있어요.

번식
치타는 1년 내내 번식해요. 암컷은 수컷과 성적으로 접촉한 다음에만 배란해요. 90일에서 100일 동안 임신하고 3~5마리의 새끼를 낳아요. 어미는 혼자서 새끼를 키우고 몇 개월이 지나면 바로 사냥하는 법을 가르쳐요.

천적
하이에나 같은 대형 청소동물이나 사자와 표범 같은 다른 육식 동물이 치타가 죽인 동물을 가로채 가요. 그래서 치타는 주로 저 동물들이 잠을 자는 한낮에 사냥해요.

복어

가시 돋친 독살범

우스꽝스럽게 생겼다고 업신여기면 큰일 나요.
복어 한 마리의 독이 30명의 목숨을 앗아갈 수 있으니까요.

초능력 단계:
★ ☆ ☆
★ ★ ☆

학명:
참복과
Tetraodontidae

강: 조기어강
목: 복어목
과: 참복과

자격증이 있는 전문 요리사만 복어를 조리할 수 있어요. 잘못하면 독을 먹고 죽을 수도 있거든요.

슈퍼 흉내 내기 ★

포식자가 가까이 다가오면 재빨리 배에 공기와 물을 채워서 빵빵한 공 모양이 되어요. 그리고 가시를 바짝 세워서 함부로 건들지 못하게 해요. 어떤 복어는 몸의 색깔을 바꿔서 주위 환경과 잘 뒤섞일 수 있어요.

슈퍼 화학 물질 ★★

복어의 몸에는 테트로도톡신이라는 독소가 들어 있어요. 테트로도톡신은 청산가리보다 1,200배나 더 치명적인 맹독이에요. 복어는 척추동물 중에서 세 번째로 독성이 강해요. 이 무시무시한 독의 해독제는 아직 발견되지 않았어요.

슈퍼 시력 ★★★

참복과 물고기들은 놀라운 시력을 자랑해요. 어떤 포식자가 다가오든 빠르게 알아채지요. 복어는 양쪽 눈이 따로따로 움직이기 때문에 왼쪽과 오른쪽을 동시에 볼 수 있어요. 그래서 주변 상황을 자세하게 포착하지요.

강한 복어 독은 상처가 났을 때 환자의 통증을 줄여 주는 약의 성분으로 사용될 수 있어요.

크기
종에 따라 크기가 아주 다양해요. 피그미복어라고도 하는 인디언복어는 몸길이가 고작 2.5센티미터이지만, 음부복어는 60센티미터나 된답니다.

색깔
보통 초록빛이 도는 노란색이고 몸 전체에 검은 반점이 있어요.

특이사항
길고 튼튼한 몸통 전체를 날카로운 가시가 덮고 있어요. 머리는 넓고 부피가 크며 눈이 큰 편이에요. 입술이 두툼하고 부리 모양의 이빨 4개로 먹이를 부술 수 있어요. 겉으로는 귀여워 보이지만 공격성이 강하고 성격이 신경질적이에요.

수명
8~10년을 살아요.

사는 곳
참복과에 속하는 120종 이상의 물고기가 따뜻한 열대와 아열대 바다에서 살아요. 산호초에서 가까운 얕은 물을 좋아해요. 어떤 종은 민물에 살아요.

먹이
잡식성으로 해초와 작은 무척추동물을 먹어요. 크기가 큰 종은 부리로 껍데기를 부술 수 있어서 조개나 홍합 같은 해양 생물도 먹을 수 있어요.

번식
복어의 수컷은 일주일 동안 온 정성을 다해 바다 밑바닥에 모래로 아름다운 동그라미 무늬를 만들어요. 이 작품이 마음에 드는 암컷은 그 안에 알을 낳아요. 그러면 수컷이 와서 정자로 알을 수정하지요.

천적
상어와 대형 물고기가 천적이에요. 하지만 인간에 의한 해양 오염, 서식지 파괴, 남획이 가장 큰 위협이죠.

초능력 단계:
★ ★
★ ★
★

학명:
펠리스 실베스트리스 카투스
Felis silvestris catus

강: 포유강
목: 식육목
과: 고양잇과

고양이

은밀한 암살자

이 날렵한 사냥꾼은 이른 아침, 거리를 살금살금 돌아다니다가 먹잇감을 발견하면 조용히 뒤를 쫓아가서 한 번에 덮쳐요.

고양이는 자기 키보다 5~6배나 높이 뛸 수 있어요. 사람이라면 3층 건물의 꼭대기까지 뛰는 셈이지요.

슈퍼 시력 ★
고양이는 눈에 있는 휘판 덕분에 아주 깜깜한 곳에서도 앞을 볼 수 있어요. 휘판은 적은 빛도 반사해서 망막에 보내요. 고양이의 눈이 밤에 빛나는 것도 휘판 때문이랍니다.

슈퍼 청력 ★★
고양이는 설치류가 내는 아주 높은 주파수의 음을 들을 수 있어요. 인간의 귀에는 들리지 않는 소리예요. 고양이의 귀는 32개의 근육으로 되어 있고, 소리가 나는 곳을 찾기 위해 각각 따로 움직일 수 있어요. 이런 첨단 기술은 또 없을 거예요.

슈퍼 후각 ★★★
고양이의 후각은 사람보다 14배나 더 예민해요. 냄새로 먹을 것과 짝을 찾고, 다른 고양이의 영역을 확인하고, 자기와 함께 사는 사람들의 위치를 알 수 있어요.

슈퍼 촉각 ★★★★
고양이의 수염은 아주 예민한 감각 기관이에요. 바람의 속도나 방향은 물론이고 기압의 변화까지 느껴요. 이 수염은 신경계와 연결되었기 때문에 고양이는 아주 작은 진동도 금세 알아채고 경계해요.

슈퍼 발과 다리 ★★★★★
다른 지행동물* 처럼 고양이도 패드가 덧대어진 발가락으로 걸어요. 땅의 온도를 감지하고 조용히 움직이면서 흔적을 거의 남기지 않지요.

*발가락으로 걷는 동물을 말해요.

고양이는 실력이 출중한 사냥꾼이에요. 사람과 함께 살면서 집 안에 쥐가 들끓지 않게 해 줘요.

크기
몸길이는 꼬리를 제외하고 약 45센티미터, 몸무게는 2~9킬로그램이에요.

색깔
검은색, 하얀색, 회색, 주황색, 노란색 등 털 색깔이 다양해요. 세 가지 색 이상인 고양이는 거의 암컷이에요. 고양이의 털은 길이와 두께가 다양하고 곱슬거리는 것도 있어요.

특이사항
고양이의 몸을 이루는 230개의 뼈는 극도로 유연하고 탄력이 뛰어나요. 꼬리가 없는 품종도 있지만 대개는 꼬리가 있어요. 발톱을 완전히 감출 수 있어서 평소에는 집어넣고 다니며 날카로움을 유지해요.

수명
12~18년.

사는 곳
전 세계 어디에나 살아요. 고양이는 개와 함께 세계에서 가장 사랑받는 반려동물이에요.

먹이
고양이는 육식 동물이에요. 작은 설치류나 새를 잡아먹어요. 집에서 키우는 고양이는 주로 마트에서 파는 사료를 먹어요. 사료에는 동물 단백질과 쌀, 옥수수 등 식물성 재료가 들어 있어요.

번식
번식할 준비가 된 암고양이는 밥을 먹지 않고, 짝짓기를 하고 싶다고 적극적으로 알리는 울음소리를 내요. 수고양이는 짝짓기 상대를 차지하기 위해 경쟁자와 싸울 때도 있어요. 짝짓기를 하고 62~67일이 지나면 암컷은 4~6마리의 새끼를 낳은 다음 부지런히 먹이고 보살펴요.

천적
고양이에게 최악의 천적은 개가 아니에요. 고양이가 진짜 무서워하는 것은 '자기가 알지 못하는 것'이에요. 또 고양이는 커다란 소음도 싫어해요. 천둥이 칠 때나 불꽃놀이를 할 때 고양이의 행동을 보면 알 수 있어요.

이베리아벽 도마뱀

저돌적인 등반가

초능력 단계:
★ ★
★ ★ ★

학명:
포다르키스 히스파니쿠스
Podarcis hispanicus

강: 파충강
목: 뱀목
과: 장지뱀과

살그머니, 그러나 민첩하게 움직이는 이 파충류는 중력을 거슬러 수직의 벽을 타고 다녀요. 위험한 상황에서는 꼬리를 자르고 도망가는 놀라운 기술을 선보여요. 공격자는 한동안 어리둥절하지요.

> 도마뱀은 스스로 체온을 조절하지 못해서 햇볕을 쬐어 몸의 온도를 올려요.

슈퍼 발과 다리 ★
발바닥에 있는 수천 개의 미세한 털 때문에 어떤 표면에도 들러붙을 수 있어요. 이 발바닥 패드의 도움으로 도마뱀의 가벼운 몸이 벽에 수직으로, 심지어 천장에 거꾸로 붙어 있어요.

슈퍼 재생력 ★★
위협을 받으면 꼬리 쪽 근육을 꽉 조여서 꼬리를 떼어내요. 꼬리가 떨어진 걸 본 공격자가 당황해하는 사이에 도망치지요. 꼬리가 잘린 부분의 특별한 세포에서 다시 꼬리를 만들어요.

슈퍼 후각 ★★★
도마뱀은 주로 혀로 냄새를 감지하는데, 혀의 감각이 날카롭고 예민해서 갓 부화한 도마뱀도 다른 도마뱀과 천적을 냄새로 구분할 수 있어요. 도마뱀은 심지어 얼굴도 보기 전에 냄새만으로 짝을 결정해요.

슈퍼 시력 ★★★★
많은 도마뱀에게 세 번째 눈이 있어요. 머리 꼭대기에 있어서 두정안이라고 해요. 크기가 작고 대개 피부에 덮여 있기 때문에 다른 두 눈과 같은 방식으로 세상을 보지는 못해요. 대신 햇빛을 감지하고 길 찾기를 돕는 나침반 역할을 하지요.

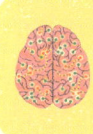
슈퍼 지능 ★★★★★
도마뱀 수컷은 서로 몸싸움을 벌이는 대신 머리를 끄덕이고, 꼬리를 비틀고, 다리를 떠는 동작으로 힘을 겨뤄요.

도마뱀은 작물에 피해를 주는 달팽이나 메뚜기, 그 밖의 해충을 잡아먹어요. 도시에서는 모기, 파리, 거미, 딱정벌레, 지렁이 같은 생물의 수를 조절하지요.

크기
꼬리를 제외한 몸의 길이가 4~7센티미터예요. 꼬리는 10센티미터 정도로 나머지 몸보다 2배나 길 때도 있어요. 몸무게는 4그램을 넘지 않아요. 수컷이 조금 더 커요.

색깔
피부 색깔과 무늬는 제각각이지만 보통 짙은 초록색이에요. 등과 목, 머리가 붉은색일 때도 있어요. 배는 등보다 더 밝아요.

특이사항
납작한 머리, 날씬한 몸, 긴 꼬리가 특징이에요. 물과 기체가 스미지 않는 두꺼운 피부는 작은 비늘로 덮여 있어요. 4개의 다리에 각각 발가락이 5개씩 있어요.

수명
약 10년.

사는 곳
이베리아반도(스페인, 포르투갈, 안도라) 전 지역, 그리고 북아프리카, 피레네산맥 북동부의 바위가 많은 지역에 살아요. 바위나 나무줄기, 벽 등 갈라진 틈새를 은신처로 삼아요.

먹이
개미, 파리, 모기 등의 각종 곤충과 쥐며느리, 거미를 먹어요.

번식
짝짓기 철이 되면 수컷들이 한자리에 모여 암컷을 두고 서로 겨뤄요. 암컷은 2~3개씩 여러 차례 알을 낳고 숨겨요. 새끼 도마뱀은 알에서 나오면 어미와 같은 것을 먹어요. 2년이 지나면 짝짓기를 할 수 있어요.

천적
커다란 도마뱀, 뱀, 작은 포유류(족제비와 제넷), 새(올빼미, 황조롱이, 붉은솔개 등).

꿀벌

초능력 단계:
★★★
★★★
★

학명:
아피스 멜리페라
Apis Mellifera

강: 곤충강
목: 벌목
과: 꿀벌과

위대한 꽃가루 전달자

이 작은 곤충은 몸 안에 최첨단 기술을 지니고 있어요.
인간에게 필요한 식량과 생활용품을 만드는 데
아주 중요하고 엄청난 역할을 해요.

> 꿀벌은 빨간색을 보지 못해요.

슈퍼 화학 물질 ★

여왕벌은 페로몬이라는 화학 물질을 방출해요. 다른 꿀벌은 더듬이로 페로몬을 감지해요.

여왕은 페로몬으로 벌 떼의 활동을 조종할 수 있어요. 여왕벌과 일벌은 독이 든 벌침으로 자기와 무리를 지켜요.

일벌과 달리 여왕벌은 벌침을 사용해도 죽지 않아요.

슈퍼 지능 ★★

벌은 8자춤이라는 독특한 춤을 춰요. 이 춤으로 다른 벌에게 먹이가 있는 곳을 알려주지요. 춤의 종류는 먹이까지의 거리와 연관이 있어요. 정확한 거리와 방향은 춤을 추며 회전하는 횟수나 속도로 알 수 있어요.

슈퍼 감각 기관 ★★★

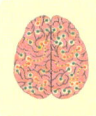

꿀벌의 몸을 뒤덮은 털이 꽃의 전기장을 감지해요. 그래서 벌이 같은 꽃으로 되돌아올 수 있고 다른 벌이 이미 왔다 갔는지도 알 수 있지요.

꿀벌의 배 안에는 자철석이 들어 있어요.

자성을 띠는 자철석이 비행하는 꿀벌에게 나침반처럼 방향을 가르쳐 주지요.

슈퍼 협동심 ★★★★

꿀벌 군락은 여왕벌, 일벌, 수벌의 세 집단으로 나뉘진 슈퍼 생물이에요. 어려운 말로 초유기체라고도 해요. 많은 개체가 모여서 하나의 생물처럼 활동하고 움직이지요. 가장 수가 많은 일벌이 벌집과 군락을 유지하는 일을 해요.

슈퍼 시력 ★★★★★

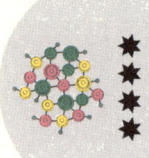

벌은 인간의 눈이 볼 수 없는 자외선을 볼 수 있어요. 그리고 꽃의 가장자리를 명확하게 구분하지요.

슈퍼 보살핌 ★★★★★

꿀벌 군락은 여왕벌이 지배하는 모계 사회예요. 여왕벌은 알을 낳고 군락을 하나로 유지해요.

꿀벌은 지구에 없어서는 안 되는 중요한 꽃가루 전달자예요. 또 꿀벌은 어린 꿀벌을 먹일 로열 젤리와 일벌이 먹을 꿀, 그리고 벌집을 지을 밀랍을 만들어요.

크기
몸길이는 약 1.2센티미터예요.

색깔
갈색이고 배에 검정-노랑 줄무늬가 있어요. 다리는 짙은 갈색이에요.

특이사항
여왕벌은 유일하게 번식할 수 있는 암컷이에요. 크고 눈에 띄는 배에는 벌침이 장착되어 있지요. 일벌은 모두 암컷이지만 알을 낳지 못해요. 배에 벌침이 있고 뒷다리에 꽃가루 바구니가 달렸어요. 수벌은 일벌보다 머리와 가슴이 더 커요. 수벌의 배는 총알 모양이고 벌침이 없어요.

수명
여왕벌의 수명은 3년, 수벌은 3개월이에요. 일벌은 맡은 일의 양에 따라 2~7개월 동안 살아요.

사는 곳
유럽, 북아프리카, 아시아의 꽃이 피는 곳이라면 어디에나 살아요. 야생에서는 나뭇가지 아래나 나무줄기에 난 구멍에 벌집을 짓고 살아요.

먹이
꽃가루(일벌), 꿀(수벌, 일벌), 로열 젤리(갓 태어난 일벌, 그리고 여왕벌이 먹는 유일한 먹이예요.).

번식
수벌 여러 마리가 비행하면서 여왕벌과 짝짓기해요. 짝짓기를 마친 수벌은 죽어요. 여왕벌은 육각형 모양의 방 안에서 매일 1,500개씩 알을 낳아요. 알에서 유충이 나오면 일벌이 먹이를 먹여요. 일주일이 지나면 유충은 방 안에 밀봉되고 다시 일주일 뒤에 성충이 되어서 나와요. 수정된 알에서 부화한 유충은 일벌이 되고, 수정되지 않은 알에서 부화한 벌은 수벌이 된답니다.

천적
말벌과 작은벌집딱정벌레가 주요 천적이에요.

지은이 **솔레다드 로메로 마리뇨**
스페인 바르셀로나에 있는 예술 학교에서 그래픽 디자인을 공부했습니다. 디자인과 출판 중 고민하다 둘 다 하기로 결심했답니다. 큰 광고 회사에서 아트 디렉터로 일하며 책을 만들고 있습니다. 쓴 책으로는 《나의 우주에는 마법 바퀴가 있어요》《세상을 바꾼 놀라운 발명 기막힌 실수!》《식물들의 슈퍼 파워》 등이 있습니다.

그린이 **소니아 풀리도**
스페인 바르셀로나와 가까운 해변 마을에 사는 화가입니다. 풀리도의 삽화는 〈뉴요커〉〈뉴욕 타임즈〉를 포함한 전 세계의 출판물과 잡지에 실리고 있습니다. 그린 책으로는 《조개 이야기》《식물들의 슈퍼 파워》 등이 있습니다.

옮긴이 **조은영**
서울대학교 생물학과를 졸업하고, 서울대학교 천연물과학대학원과 미국 조지아대학교 식물학과에서 공부했어요. 어려운 과학책은 쉽게, 쉬운 과학책은 재미있게 우리말로 옮기고 있어요. 옮긴 책으로 《파브르 식물기》《팩토피아》《거북의 시간》《60초 과학》《새들의 방식》《허리케인 도마뱀과 플라스틱 오징어》《생명의 태피스트리》《10퍼센트 인간》《식물들의 슈퍼 파워》 등이 있습니다.

귀쫑긋 지식 그림책
동물들의 슈퍼 파워

1판 1쇄 발행 2024년 5월 3일 **1판 2쇄 발행** 2025년 6월 10일
지은이 솔레다드 로메로 마리뇨 • **그린이** 소니아 풀리도 • **옮긴이** 조은영
펴낸곳 토끼섬 • **펴낸이** 오성희 • **책임편집** 한라경 • **디자인** 이든디자인
주소 경기도 파주시 가람로 116번길 107, 821호 • **전화** 031-942-7001
팩스 0504-282-7790 • **등록** 제406-2021-000002호
이메일 tokkiseom@naver.com • **인스타그램** @tokkiseom_book
ISBN 979-11-985780-1-3 77490

Superpoders animals
by Soledad Romero Mariño and Sonia Pulido
© ZAHORÍ DE IDEAS, S.L. 2023
ALL RIGHTS RESERVED
This edition was published by arrangement with Icarias Agency, Korea.
이 책의 한국어판 저작권은 Icarias Agency를 통해 ZAHORÍ DE IDEAS, S.L.와 독점 계약한 도서출판 토끼섬에 있습니다.

*본 책은 저작권법에 의해 보호를 받는 저작물이므로 무단 전재와 복제를 금합니다.
*KC마크는 이 제품이 공통안전기준에 적합하였음을 의미합니다.